AF497876

# R∴ L∴ ÉC∴ DES TRINITAIRES,

RITE ANCIEN.

# CÉRÉMONIE

## Funèbre

EN MÉMOIRE DES TT∴ IL∴ IL∴ FF∴

Comte MURAIRE, G∴ C∴ hon∴ du Sup∴ Cons∴, et Vén∴ d'hon∴ de la R∴ L∴ des Trinitaires.

GARNEREY, Memb∴ d'hon∴, 18e.

G. PIPON, 18e, Or∴ titulaire de la R∴ L∴ des Trinitaires, et son Député près la grande Loge centrale de France.

TOMSAN, Memb∴ actif, 3e.

D'ARIFAT, Memb∴ actif, 1er.

# R∴ L∴ ÉC∴ DES TRINITAIRES.

Séance du 19ᵉ jour de Schebat, 11ᵉ mois maç∴,
le 14 Février 1838, ère vul∴.

## A la Gloire du G∴ A∴ de l'Univ∴,

Au nom et sous les auspices du Sup∴ Cons∴ pour la France, des TT∴ II∴ et TT∴ PP∴ Souv∴ Grands-Inspecteurs-généraux du 33ᵉ et dernier degré du rite écoss∴ ancien accepté.

## S∴ S∴ S∴,

LA T∴ R∴ L∴ DES TRINITAIRES, régulièrement convoquée et fraternellement assemblée sous le point géométrique correspondant au 48ᵈ 5o″ 14ˢ latitude nord, et o de longitude du méridien de Paris, sous la voûte céleste du zénith, dans un lieu très-éclairé, très-fort, très-régulier, asile du mystère, de la vérité, de la charité, et de l'union fraternelle.

En entrant dans le Temple, tout vêtu de deuil, chaque Frère, plein d'un profond sentiment de tristesse, s'avance, les yeux baissés et le front mélancoliquement penché vers la terre qui vient de dévorer de si nobles victimes.

Midi plein, les Trav.·. sont ouverts à l'est par le T.·. C.·. et bien-aimé F.·. Moitié, 32ᵉ, Vén.·. tit.·., aidé par les TT.·. RR.·. FF.·. Dutilleul, 30ᵉ, et Moriceau, 18ᵉ, dirigeant les col.·. du sud et du nord. Le T.·. R.·. F.·. J. Barbier, Or.·. Adjoint, 18ᵉ, occupe la tribune, ayant devant lui les tables de la loi ; le T.·. C.·. F.·. Planche, Secrét.·., est au bureau pour exquisser les Trav.·. de cette pieuse solennité.

Les Trav.·. ouverts, les FF.·. Visiteurs sont introduits en silence, remerciés et placés suivant leur âge et g.·. maç.·. ; mais leur entrée n'a point été saluée d'applaudissemens à cause du deuil, qui, en ce moment, couvrait le Temple.

Le T.·. R.·. et parfait F.·. B. Binet, 18ᵉ, 1ᵉʳ G.·.-Expert, introduit sur l'ordre du Vén.·., et en silence, les Députations des LL.·. du rite écoss.·.

De la R.·. L.·. *des Hospitaliers Français*, présidée par le R.. F.·. Rétif de la Bretonne, Vén.·.

De la R.·. L.·. *des Rigides Écoss.·.*, présidée par le R.·. F.·. Schœbel, Vén.·.

De la R.·. L.·. *des Patriotes*, présidée par le R.·. F.·. Leduc, Vén.·.

De la R.·. L.·. *des Chev.·. croisés*, présidée par le T.·. IL.·. F.·. Comte de Chabrillan, ex-Vén.·., S.·. P.·. de R.·. S.·.

De la R.·. L.·. *des Écoss.·. inséparables*, présidée par le R.·. F.·. Vanderheim, Vén.·.

Les Présidens des hon∴ Députations sont placés à l'est.

Ensuite les Exp∴ et les Maît∴ des Cérémonies introduisent, au milieu du silence le plus religieux, les TT∴ Ill∴ Memb∴ du Sup∴ Cons∴, qui dans cette solennité sont venus donner à la R∴ L∴ DES TRINITAIRES une nouvelle preuve de leur sollicitude et de leur frat∴ amitié. L'At∴ éprouve un redoublement de sensibilité en recevant les TT∴ Il∴ Il∴ FF∴

Général JUBÉ, 33ᵉ, Chef du Secrét∴ du rite écoss∴

GUIFFREY, 33ᵉ, G∴-Trés∴ du Saint-Empire.

Comte DE SAINT-LAURENT, 33ᵉ, représentant du Sup∴ C∴ de l'hémisphère occidental.

MORISON DE GREENFELD, 33ᵉ, représentant du Sup∴ Cons∴ de Belgique.

Plusieurs Ill∴ Memb∴ du Consistoire, du 32ᵉ degré.

Des Commandeurs, 31ᵉ.

Et plusieurs Chev∴ Kadosch.

Ces Il∴ FF∴ sont placés à l'est, aux places d'honneur réservées aux Chefs de l'Ordre. Le Vén∴ leur adresse les remercîmens et les félicitations de l'At∴ Le T∴ Il∴ F∴ Général JUBÉ répond au nom du Sup∴ Cons∴, et malgré la douleur qui afflige tous les Memb∴ présens, il verse quelque baume sur les plaies de l'Atelier, en assurant de nouveau la R∴ L∴ des Trinitaires, de toute la sollicitude qu'ont pour elle les TT∴ Il∴ Il∴ et

SS.·. GG.·. JJ.·. GG.·., du 33ᵉ degré, formant le Sup.·. Cons.·. pour la France.

Le Vén.·., debout et appuyé sur son glaive, prononce ensuite ces mots :

Mes FF.·., vous connaissez le motif qui nous rassemble ; la mort nous a ravi cinq de nos FF.·.

Nos TT.·. CC.·. et bien-aimés FF.·.

> Comte MURAIRE.
>
> GARNEREY.
>
> D'ARIFAT.
>
> TOMSAN.
>
> PIPON, ne sont plus !

*Gémissons ! gémissons ! gémissons ! mes FF.·. !*

Les voiles funèbres de la mort ont entouré le cercueil de nos Frères, leurs familles éplorées ont rendu à leurs dépouilles mortelles les honneurs funéraires, et les ministres du culte ont adressé au Ciel, pour le repos de nos amis, le tribut de leurs vœux et de leurs prières.

Unis à ces RR.·. FF.·. par les liens de la plus tendre fraternité, nous leur devions un hommage éclatant de notre affection, de notre tendre et sincère amitié. Ce jour est celui que nous avons consacré pour rappeler le souvenir de leurs vertus et honorer leur mémoire, dans ce Temple dont ils furent les soutiens, et dont le bon, l'excellent F.·. G. Pipon, embellit les Trav.·. pendant plusieurs années, en nous instruisant par sa noble et persuasive éloquence.

Pipon n'est plus! A ce nom, vos cœurs frat∴ sont émus. Ce n'est pas à moi qu'il est réservé de vous retracer les vertus de ce T∴ R∴ Frère, et de vous rappeler tous les traits qui caractérisaient en lui, et l'homme estimable dans le monde et le parfait Maçon : cette pénible tâche est dévolue à l'un de nos Frères, qui s'en acquittera noblement, et que vous allez entendre.

F∴ Or∴, vous avez la parole.

Le F∴ Barbier se lève, et s'exprime ainsi :

### Vén∴, GG∴ Dignitaires de l'Ordre,
#### et vous tous, mes Frères,

L'un des jours de chaque mois nous rassemble dans cette enceinte; et qui de nous d'ordinaire n'apporte point des sentimens de joie et de bonheur à ces réunions fraternelles? Aujourd'hui tous les fronts sont tristes, tous les cœurs oppressés, toutes les âmes remplies de douleur. Il est donc vrai que c'est là la loi éternelle, immuable de la succession des choses : joie et douleur! Il y a quelques semaines, rassemblés autour d'un banquet, pour une fête, nous nous retrouvons aujourd'hui réunis autour d'un cercueil!...

Ah ! ce n'étaient donc point de vains pressentimens que ceux qui nous agitaient tous au milieu même des épanchemens de notre fête de l'Ordre , ce n'était point une vision quand à nos yeux les cyprès se laissaient voir cachés sous les fleurs du festin !... Un deuil de plus devait se joindre à tous nos deuils, le doigt de la mort avait encore marqué un de nos FF.·.

A eux tous du moins qui ne sont plus, à eux tous que nous aimions et qui nous aimaient, quelques souvenirs, quelques regrets. C'est un soin pieux et consolant que de répandre des larmes et des fleurs sur des tombes fraîchement ouvertes.

Ce devoir si pénible qu'il soit , mes Frères , il m'appartenait de l'accomplir..... Je vous rappellerai donc la triste série de nos pertes , je vous confierai toutes les pensées de mon cœur, et si ma parole est décolorée, si ma voix est mal affermie, vous pardonnerez tout à l'émotion profonde du Maç.·. et de l'ami, et à l'inexpérience de l'Orat.·. qui s'adresse à vous en cette qualité pour la première fois, surtout à la pénible fatalité qui lui fait inaugurer ses fonctions par *cinq éloges funèbres !*

J'abrégerai ma tâche, du reste, et parce qu'elle est dure à remplir et parce que des voix plus éloquentes que la mienne se sont réservé le soin de rendre un hommage complet à la mémoire de quelques-uns des Frères que nous avons perdus.

En tête de tant de pertes , vous le savez , mes

FF.·., vient se placer la mort du digne Frère Comte Muraire, Vén.·. d'honneur de cette L.·. Je ne vous dirai point combien fut remplie cette belle vie, que du moins le destin respecta pendant de longues années, combien fut noble et majestueuse cette mort de l'homme sage, de l'homme bon, sensible encore, à cette heure suprême, aux plaisirs de la pensée, qui chez lui sembla survivre au corps ; cédant encore en ses derniers momens aux charmes de la sublime poésie, à ce point que les vers du divin Horace expiraient avec la vie sur ses lèvres glacées ; non, je n'analyserai point devant vous cette belle existence sociale et maçonnique, car bientôt, et dans une tenue spéciale, tous les honneurs qu'elle mérite seront rendus à la mémoire de cet Il.·. Frère. Une de nos lumières, le F.·. Caille, son contemporain, son ami, vous redira tout ce qu'il y eut de vertus et de bons exemples dans la série de ses jours.

Comme lui, Membre d'honneur de la R.·. L.·., le F.·. Garnerey emporte comme lui tous nos regrets. Comment les préceptes de la pure morale qui se professe dans nos temples, n'auraient-ils point trouvé d'échos dans son âme d'artiste ? C'est elle qui anime la toile sous le pinceau, qui place les nobles pensées sous la plume, qui fait vibrer sous les doigts la véritable harmonie... Aussi, mes FF.·., il n'est point d'organisation où le sentiment de l'art soit profondément empreint, qui ne soit essentiellement ouverte à toutes les idées généreuses, qui n'ait en elle des élémens d'amour et de charité. Garnerey était une preuve vivante de cette vérité, mes F.·. Les qualités du cœur ne le distinguaient pas moins que son talent, et nous avons à rendre hommage autant au citoyen, qui professa toutes les vertus que la Maç.·. enseigne, qu'au grand peintre qui, par ses œuvres, ajouta à la gloire de son pays.

Élève de David, Garnerey ne fut pas indigne de ce grand maître, et la plupart de ses tableaux ont pris rang au nombre des compositions estimées de tous et citées comme modèles par les artistes. Il fut souvent chargé de travaux importans par le Gouvernement. On doit citer surtout la mission que lui confia le Directoire, de rechercher et de reproduire les monumens antiques de la France, galerie de science et d'art dont le pays restera fier, et qui fut pour Garnerey un de ses premiers titres à la gloire.

Je vous parle ici de l'artiste, mes FF.·., ai-je besoin d'ajouter maintenant ce que fut le citoyen, le père de famille, quand j'ai commencé par vous dire que, dévoué de cœur à l'institution de la Maçonnerie, il régla sa vie sur les maximes qui en font la base? Vous avez compris que son existence se résume en ces deux mots, sévère pour lui-même, il fut indulgent, bienfaisant même pour les autres.

Moins célèbres sans doute que les deux Membres d'honneur, dont j'ai dû en quelques mots, mes

FF.·., vous rappeler la perte, mais non moins regrettables, non moins regrettés par nous, naguère encore partageant nos trav.·. réguliers, nous avons vu deux autres de nos FF.·. frappés en bien peu de temps au milieu de nous, D'Arifat et Tomsan.

D'Arifat, initié depuis peu à nos mystères, avait eu le temps de se faire aimer, de faire apprécier la douceur de son caractère et les qualités de son esprit; pourvu d'une éducation libérale, il entrait à peine dans une carrière de science, l'étude de la pharmacie', qu'il cultivait avec une laborieuse assiduité, quand la mort est venue l'arrêter au seuil de la vie. Un mal affreux, la fièvre typhoïde, détruisit en quelques jours ce corps plein de jeunesse........ A vingt-deux ans,, D'Arifat mourut, loin de sa terre natale, loin de sa famille, précédant de quelques mois au tombeau le dernier ami que nous avons perdu, cet ami qui fut le sien le plus intime, qui fut son présentateur parmi nous, et dont les yeux, comme les siens, devaient s'éteindre sans revoir le ciel du pays.

La tombe était à peine refermée sur D'Arifat, qu'elle se rouvrait pour recevoir les dépouilles mortelles du F.·. Tomsan. C'est encore une belle page, mes FF.·., que la vie simple de ce digne artisan. Né à Pont-Audemer, en 1789, il atteignait la jeunesse à cette époque triste et glorieuse à la fois, où tout homme jeune devait le tribut de son sang au pays épuisé par ses victoires. Tomsan fit cette offrande à la patrie avec enthousiasme., avec bonheur ; il servit avec distinction dans les armées impériales, fit, en qualité de maréchal-des-logis de hussards, les campagnes d'Italie et d'Allemagne, et ne quitta les armes qu'après que l'étranger nous eut imposé des lois et une dynastie. Si dans la vie militaire il se distingua par son courage, par son humanité envers les blessés, il est un trait dans sa vie civile qui n'honore pas moins son caractère et l'ordre maçonnique, qui revendique à bon droit toutes les belles actions de ses membres, dont elle développe si admirablement les nobles sentimens. De retour dans ses foyers, Tomsan se livra à l'industrie. Marchand corroyeur à Paris, sans enfans, il adopta deux de ses neveux, auxquels ses secours étaient aussi nécessaires qu'ils leur devinrent profitables ; il leur servit de père et leur apprit son état, qu'ils exercent honorablement aujourd'hui. De tels faits suffisent à la mémoire d'un homme dont on ne peut plus qu'honorer la mémoire.

Il est d'ailleurs une particularité touchante qui signale les derniers momens de ce F∴, et que vous vous rappelerez tous. Atteint d'une maladie de poitrine, qui le minait et qui pouvait lui faire prévoir son triste sort, il eut un vif désir, peu de temps avant sa fin, de recevoir la Maîtrise, qui du reste était bien due à son assiduité et à ses qualités maçonniques ; il fit demander à la R∴ L∴, qu'on la lui conférât par communication, s'il était possible.... C'était-là le vœu d'un mourant, vœu plein de piété, et qui témoignait que pour Tomsan, la Maçonnerie était un culte auquel il demandait les dernières consolations, les derniers momens de bonheur qu'il pût ressentir... Je ne me rappelle pas sans plaisir que j'insistai vivement pour que cette prière fut entendue ; la L∴ ne la dédaigna pas.... Une Commission de neuf Membres désignée à cet effet, se rendit près du lit de douleur du F∴ Tomsan, et lui conféra la Maîtrise..... et la mort lui fut plus douce. Il y a là, mes FF∴, j'ose le dire, un grand exemple pour tous les Maçons.

Déjà quatre Frères que nous venons de pleurer, et cependant je n'en ai pas fini avec ce long chapitre de la mort..... Il y a huit jours, debout près d'une fosse, la tête nue, l'œil morne, nous contemplions, pour la dernière fois, le corps d'un Frère, sur lequel la première pelletée de terre retombait déjà. Quelques paroles d'adieu résonnaient tremblantes..... chacun se séparait triste, silencieux, et tout était fini...... Pipon venait d'expirer ; la terre venait d'ensevelir sa dépouille.

Oh ! mes Frères, vous entendrez tout-à-l'heure son éloge dans une bouche amie, et quel sublime éloge ne mérite pas une pareille mémoire. Mais moi-même je cède au besoin de payer un tribut de regrets à cette mémoire chérie ; moi aussi je trouvai chez lui une âme amie de la mienne, moi aussi j'appréciai tous les charmes des rapports intimes avec cet excellent Frère, dont l'inaltérable douceur semblait le type de la perfection maçonnique; car ses préceptes ne sont que ceux de la morale primitive, les premières lignes du livre de la nature préchant la bienveillance partout, l'amour du prochain...... Ah! qui mieux que Pipon appliqua à toutes les actions de sa vie cette morale sublime dont la pratique semblait être sa destination fatale? C'est qu'en cette noble nature tout était amour, charité, de telle sorte qu'aucun sentiment de malveillance ne pouvait trouver place dans son cœur. Enlevé à la fleur de l'âge à tous ceux qui l'aimaient, c'est-à-dire à tous ceux qui l'ont connu, Pipon signala sa courte existence par mille bonnes actions dont l'amitié qui reçut ses confidences peut aujourd'hui trahir le secret.

J'en ai trop dit sur ses vertus; car chacun de vous les apprécia dignement, et son éloge à cet égard est écrit dans tous les cœurs...Vous connaissiez aussi l'élévation de cette intelligence toujours dirigée vers le bien, vouée au culte de ce qui était grand, généreux, patriotique; nourrie de fortes études et se développant dans toutes les discussions sérieuses. Dois-je vous rappeler que souvent son éloquente parole excita en vous une émotion profonde, moi qu'un sort affreux a condamné à m'asseoir à cette place, où tant de fois vous avez vu notre ami, et où sa voix semble retentir encore?... Oh! mes Frères, pleurons, pleurons long-temps cette perte, car vous savez comme moi si jamais plus noble cœur, si jamais organisation plus belle, plus aimante, honora mieux la Maçonnerie dont il professait les saintes doctrines ; et qui mieux que moi put connaître tout ce qu'il y avait de bon dans son cœur, de grand dans sa pensée.... Ne l'ai-je pas vu le même partout, dans nos temples, dans le monde, au barreau où nous prîmes place ensemble, et où ses premiers débuts lui présageaient un succès de plus dans une profession difficile, mais qui semblait faite pour son esprit sérieux et juste ? Ah ! sans doute j'avais toujours pensé qu'unis au point de départ, nous marcherions long-temps côte à côte dans la carrière, et qu'une de ces amitiés qui vous font la vie douce et bonne m'était assurée en lui pour tout le cours de mon existence..... Dieu en a ordonné autrement.... Pipon, tu es parti de ce monde trop tôt pour tous, trop tôt pour moi !.. Frères, un immense deuil frappe notre Atelier... Bien des larmes sont à répandre, bien des regrets à garder au fond du cœur, pour ces cinq amis que nous avons perdus... Mais cependant, ne naît-il pas du sein même de cette douleur de grandes et consolantes pensées... Jetez les yeux autour de vous, interrogez les places vides que vos yeux rencontrent, et, vous détachant pour un moment de toute la bienveillance que la fraternité maçonnique a mise en vous, demandez-vous froidement, s'il est possible, quels hommes occupaient ces cinq places, et jugez-les !... Vous verrez avec bonheur la réunion de tous les talens, de toutes les vertus, dans ces cinq Frères Maçons, que le ciel jaloux nous enlève... La vieille et pure réputation de l'homme politique, le génie de l'artiste, le courage héroïque du soldat, le germe de l'éloquence et du savoir, chez ces jeunes hommes couchés aujourd'hui dans le tombeau, et planant sur tant et de si divers mérites, la sainte bienfaisance qui fait l'homme pareil à la Divinité, voilà toutes les vertus, tous les élémens de bien que vous retrouverez en ceux que nous avons perdus et qui sont retournés à leur source... Tant il est vrai que la religion maçonnique est, fut, et sera toujours la religion des grands cœurs, et des grandes intelligences... En tête de ses dogmes elle place l'immortalité de l'âme ; elle nous enseigne qu'avec nous tout ne meurt pas, et qu'à toute vie, pure ou perverse, une sanction nécessaire est réservée... Honneur à elle ; car avec cette pensée consolante, ce n'est point adieu qu'il nous faut dire à nos FF.·. Muraire, Garnerey, D'Arifat, Tomsan, Pipon. Amis, leur dirons-nous les yeux encore pleins de larmes, mais le cœur plein d'espérance, nous suivrons le même chemin que vous..... au revoir !

Le F.·. Or.·. ayant cessé de parler, le Vén.·. ordonne aux FF.·. de se mettre debout et à l'ordre, et fait tirer la deuxième batterie de deuil, qu'il termine par ces mots, que répètent les FF.·., *gémissons ! gémissons ! gémissons !*

La parole est ensuite donnée au T.·. C.·. F.·. Moriceau, 2<sup>e</sup> Surv.·., qui s'exprime ainsi :

### Vén.·., GG.·. Dignitaires de l'Ordre,

#### et vous tous, mes Frères,

Si notre At.·. vient encore de déposer ses habits de fêtes pour ses vêtemens de deuil, si notre joie si vraie et si pure s'est tout-à-coup changée en sanglots, c'est que nous venons encore de perdre un de nos Frères; c'est qu'un membre vient encore d'être retranché de la grande famille. Inclinons-nous donc tous avec recueillement sur cette tombe entr'ouverte, et puissent nos vœux bien sincères accompagner notre F.·. D'Arifat dans un monde meilleur.

Né à l'île Maurice, le 9 juillet 1815, et compatriote de notre bon et malheureux F.·. Pipon, D'Arifat puisa, dès l'enfance, au sein d'une famille honorable, les sentimens d'honneur et de délicatesse que vous lui connaissiez tous, et qui lui ont si bien servi dans la courte, mais épineuse carrière qu'il avait à parcourir ici-bas. Il vint à Paris pour compléter son éducation, à l'aide des grands maîtres, que toujours y viennent trouver les disciples de la science et du savoir. Soit que

le climat de la France ne convînt pas à son organisation, soit qu'il fut arrivé parmi nous avec le
germe d'une maladie fatale, il fut moissonné en
bien peu de jours.

Combien sont sévères pour nous, mes FF.·.,
les leçons que vient de recevoir notre At.·. En
quelques mois, quels beaux fleurons vient de
perdre notre couronne ! Ces pertes sont à jamais
irréparables ! Puissions-nous tous, au moins, y
trouver le conseil de ménager les jours que la
Providence nous a départis, pour être utiles à nos
semblables, soulager ceux qui souffrent et relever
le courage de ceux qui se laissent aller à l'abat-
tement et au désespoir. Puissions-nous redoubler
de zèle et d'activité dans les Trav.·. que nous
allons entreprendre ; car moins il y a d'ouvriers
et plus la tâche de chacun est pénible.

Il était réservé à une voix plus éloquente que
la mienne de vous retracer l'inaltérable bonté de
notre malheureux F.·. Pipon, à moi seulement
la satisfaction de vous dire que notre F.·. D'Arifat,
que nous pleurons tous aujourd'hui, fut probe,
désintéressé et généreux dans sa courte carrière,
et que sa dernière pensée fut encore des vœux
pour son pays et votre bonheur.

Le F.·. Moriceau ayant cessé de parler, le
Vén.·., debout et à l'ordre, fait tirer une batterie
de deuil qu'il termine par ces mots :

*Gémissons ! gémissons ! gémissons ! mes FF.·. !*

Le F∴ Genevay prend ensuite la parole et s'exprime en ces termes :

## Vén∴, GG∴ Dignitaires de l'Ordre,
### et vous tous, mes Frères,

L'amitié la plus bienveillante m'avait prié de prononcer quelques paroles sur la tombe de Pipon. Le Vénérable, me donnant une preuve d'estime dont je suis fier, avait aussi bien voulu se confier à mes souvenirs pour dire, au nom de la Loge, un dernier adieu à la dépouille mortelle de votre Orateur. Heureux, dans ma douleur même, d'un si noble mandat, je m'étais soumis sans hésiter ; je me disais : quand le cœur est plein, la bouche devient toujours éloquente, et il doit être facile de parler lorsqu'on s'appuie sur la vérité !... Je me trompais, mes FF∴, mes forces ont trahi mon courage, et sur cette chère tombe je n'ai pu laisser tomber que des larmes. Aujourd'hui je viens m'accuser de ma faiblesse et vous entretenir de l'ami que nous avons perdu.

Que je voudrais dans ce moment, mes FF∴, avoir le front ceint de la couronne des vieillards, de ces cheveux blancs qui font la parole puissante, la vérité féconde !... Car à Dieu ne plaise, mes FF∴, que je vienne prononcer devant vous un de ces panégyriques destinés seulement à glorifier ceux qui ne sont plus, et qui ne vont pas chercher dans la vie d'un homme, des exemples de vertu, des forces pour l'avenir. Je me suis bien gardé d'oublier que j'avais à élever la voix dans l'enceinte de la vérité. Et d'ailleurs, en prononçant ces tristes paroles, j'ai toujours vu devant moi celui que nous pleurons. Comment en présence de ce visage où était gravée si profondément l'empreinte de la sagesse, aurais-je pu ne pas me souvenir que c'était un enseignement que vous demandiez à ma fraternité.

C'est donc un apostolat que je me crois appelé à l'honneur de remplir, ce sont donc des leçons que vous allez chercher avec moi dans la vie si courte de votre excellent Orateur. Oui, mes FF.·., voilà ce que nous allons faire ensemble, voilà le beau lot d'une existence honorable : c'est de laisser après elle des leçons de vertu. Le sépulcre ne dévore pas tout, une portion de nous-même reste dans le monde que nous avons habité, pour y faire germer les dogmes saints de l'honneur et de la probité! Pour nous, mes FF.·., la mort n'aura pas tout détruit; et tandis que l'amitié gardera précieusement le souvenir d'une âme honnête et chaleureuse, nous tous, et en ceci je ne me sépare point de vous, nous puiserons des forces dans la carrière courte, vertueuse et brillante que je dois vous retracer.

Si mes paroles ne vont point à vos cœurs, écoutez la voix qui est en vous, elle sera plus pressante que je ne puis l'être. Du reste, je me confie en votre bonté, et je sais que je trouverai ici des Frères qui n'oublieront ni ma jeunesse, ni mon émotion, ni combien il est difficile d'élever la voix dans une enceinte toute vibrante encore des accens d'orateurs plus puissans que moi. N'allez pas croire pourtant que je m'abaisse à de misérables vanités de tribune. En m'appelant ici vous ne m'avez commandé que d'être vrai, et je croirai ne rester dans vos intentions qu'en laissant à mon langage toute sa simplicité.

Sur la tombe de Gustave, un seul cri de douleur, un seul témoignage s'est élevé. Je l'ai entendu sortir de toutes vos bouches : Pipon, disiez-vous, n'a jamais fait de mal à personne, jamais il n'a dit de mal de personne ! Connaissez-vous un plus bel éloge ? Savez-vous beaucoup d'hommes qui en soient dignes ? Et telle se trouvait cependant la vertu de celui que nous regrettons, que cette exclamation de deuil et d'hommage n'était que la vérité !

Qu'est-ce qui disait cela ? Des hommes intéressés ? Des flatteurs obéissant à de vieilles habitudes de bassesse ? Non ; mais des jeunes gens dans toute la naïve expension d'une douleur vivement sentie ; des vieillards récompensant d'un seul mot vingt ans de vertu ; des hommes de maturité qui n'avaient jamais rencontré Pipon qu'au sentier de l'honneur. Voilà ceux qui ont si éloquemment prononcé l'oraison funèbre de Gustave. Eh! mes FF.·., n'est-ce pas avoir rempli une longue vie que de laisser un tel renom! Mais comment donc avait vécu notre Orateur, pour mériter une considération si haute et si légitime?

Je n'ai point connu sa famille, mais il y a toujours dans le descendant quelque chose des aïeux; il existe des traditions du foyer, et ce n'est que d'un père vertueux, d'une mère attachée à ses devoirs que peut naître un enfant capable de devenir à son tour un homme de bien et de probité. Ainsi, sans la connaître, je puis dire que la famille de Pipon était une vertueuse famille, et que c'est dans son sein que votre Orateur a vu éclore les germes de sagesse et de talent qui ont fait de lui un homme si remarquable. C'est dans ce berceau des bonnes mœurs, d'une vie laborieuse et paisible, que naquit, en 1810, l'homme que nous regrettons. Cette date vous étonne, mes FF.·., elle m'a surpris moi-même, car dans la maturité d'expérience de votre Orateur, je croyais lire un autre âge..... Il n'avait que 27 ans révolus lorsque la destinée lui a donné le repos. Le repos, je me trompe, il l'eut toute sa vie; car l'homme pur n'a pas de jours inquiets, n'a pas de nuits de remords. Pendant sa première jeunesse, inscité à l'étude par le besoin d'un esprit élevé, il fit comme le bon moissonneur, il sema pour récolter. Il étudia de prédilection les philosophes; mais l'espace lui manquait dans son île lointaine, il voulut voir notre vieille Europe, terre remplie d'enseignemens et de débris. Des liens de famille le firent, à cette époque, entrer au collége de Lyon. Ici, mes FF∴, les renseignemens dont j'ai dû m'entourer sont venus de tous côtés, je n'ai eu qu'à choisir ; ils étaient tous honorables, tous dignes de lui, de vous qui l'aviez adopté.

Pipon, à cette période de sa carrière, était déjà ce que vous l'avez connu, plein d'amour pour le bien. Élève docile et chéri de ses professeurs, il ne tarda point à se faire remarquer par la sagacité de ses aperçus, par la méthode raisonnée qui double les forces même des têtes les plus solides. Esprit juste, il redoutait le faux éclat et cette brillante fée, souvent menteuse, qu'on appelle l'imagination. Enfant de la molle nature des îles, né sous un beau ciel tout de poésie, sur une terre qui semble dormir dans un lit de parfum, il se tenait en garde contre lui-même, il semblait se méfier de sa propre nature et craindre de tomber dans ces beaux rêves des poètes, qui ne produisent pas toujours des fruits utiles.

Cependant, même alors, il voyait Rome dans Virgile et Horace, la Grèce dans le vieil Homère, l'Italie moderne, et la France, dans le Dante, Pétrarque, Corneille, et dans tous ces beaux génies, enfans divins que Dieu sème sur la terre pour le bonheur de l'humanité. A ce propos, il me souvient d'un mot que je lui ai entendu dire, et que vous écouterez sans doute avec plaisir, d'abord parce qu'il est beau, ensuite parce qu'il vient de lui. Je ne sais quel est celui d'entre nous qui, soutenant un paradoxe, disait : la poésie n'est bonne à rien et les poètes sont des êtres inutiles. « Mon ami, répondit-il, les poètes sont dans le » monde ce qu'est à bord d'un navire un mousse » qui sait chanter ; ils charment la longueur du » voyage !... » Mais je vois qu'involontairement je mêle les années, et que ce qui était hier me fait perdre de vue le passé.

Je disais donc qu'il aimait la poésie ; mais lorsqu'il avait salué les chefs-d'œuvre de Rome, c'était toujours avec une nouvelle joie qu'il retournait au cap Sunium, où l'attendait le divin Platon. C'est à l'étude de ce grand écrivain que Gustave dut un de ses beaux succès.

Lyon, la cité commerçante, est aussi une ville de philosophie, c'est la patrie de Ballanche et d'Edgard Quinet, qu'il a adoptée. C'est, il y a bien des siècles, sous les voûtes sombres et magnifiques de Saint-Jean, que Gerson, l'auteur présumé de l'Imitation de J. C., voulut reposer. Dans cette populeuse métropole des Gaules orientales, les classes de philosophie sont fortes et nombreuses ; il est glorieux d'y briller en première ligne, il est beau d'occuper même le second rang. Malgré les périls de la lutte, Pipon triompha ; il obtint le prix d'honneur de philosophie.

Un succès de cette importance n'altéra en rien la modeste douceur de Gustave. Quand d'autres eussent dit : je sais, je suis fort ; lui ne vit dans le laurier qu'un encouragement à mieux faire , à étudier plus sérieusement encore. Croyez-moi , c'était une forte résolution. Plus d'un homme capable a succombé sous un moindre succès. Les revers et la misère détruisent et absorbent bien le génie ; mais aussi que de beaux talens ne se perdent pas dans les folles joie d'un premier triomphe. Ces victoires de jeunesse sont dangereuses et elles le deviennent encore davantage par la manière dont le monde les accueille. Les uns , membres de la famille du lauréat , le corrompent par de maladroites louanges , d'autres l'attaquent par un sentiment d'une jalouse envie.

C'est à travers ces imprudens flatteurs , ces détracteurs misérables , qu'il faut faire le premier pas. C'est au sein de cette réunion d'intérêts , d'égoïsme , de vices honteux , que font encore mieux sentir quelques rares vertus ; c'est à travers tout cela, dis-je , qui constitue le monde , que le jeune rêveur philosophe doit pénétrer avec ses saintes croyances et sa pudique vertu.

Alors il faut réellement se mettre à vivre et commencer cette longue suite d'expérience et de désenchantement qui, comme des mausolées douloureux , borde le chemin que nous devons parcourir.

De la philosophie antique, Gustave , heureusement et pour lui et pour nous , avait retenu ce grand principe : *Connais-toi toi-même.* De plus , il avait contracté l'amour des choses sérieuses et du travail, le seul de tous les amis peut-être qui ne donne jamais de mauvais conseils, le seul qui n'abandonne jamais.

Ah ! mes FF.·., que viens-je de dire ? Est-ce dans cette enceinte, est-ce en présence de notre premier Surveillant, dont la bienveillante bonté m'est si précieuse, que je devais prononcer une pareille parole ?

Devais-je douter dans ce saint Temple de frères, du pouvoir de l'amitié ? N'avons-nous pas parmi nous l'homme qui a aimé Pipon du plus noble amour, l'homme qui l'a soigné comme une tendre mère, l'homme qui a remplacé une famille absente, l'homme qui a bu goutte à goutte les angoisses de l'affreuse agonie... Par son dévouement le Frère Dutilleul a bien mérité de la Loge et de l'humanité.

Mais quand il vint à Paris, Pipon n'avait point encore ce bonheur de la communauté d'une âme qui semblait sœur de la sienne. Ce fut donc alors dans les bras du travail qu'il dut se jeter.

Nous étions en 1832. Ecoutez, mes FF.·., si je ne me croyais pas au sein d'une famille, il est des questions que je penserais devoir éviter ; mais votre confiance et la noble sagesse de celui dont je parle, m'imposent le devoir de dire franchement qu'elle série d'idées politiques avait adoptée notre ami. Les opinions d'un homme ne sont-elles pas une portion de sa vie ?

Les vieux livres des nobles penseurs de l'antiquité nous sont parvenus comme d'admirables monumens destinés à proclamer l'insatiable besoin qui pousse l'homme vers la liberté ! Gustave, fervent à Socrate et au Christ, Gustave épris de la vertu de Caton, aima le peuple dont il se faisait gloire de sortir. Dans une conversation que nous eûmes avec lui, il nous dit ce que nous allons vous répéter. Ne craignez rien, mes FF.·., je sais que je suis dans le temple de la Concorde et non point au Forum.

« La liberté antique, me disait-il, a manqué » d'humanité, voilà pourquoi elle a péri ; la » liberté moderne à long-temps suivi les mêmes » erremens, et comme les dieux de la fable, » toutes les fois que le peuple a saisi le pouvoir, » il n'a pas été une puissance fécondante, mais » une puissance vengeresse. Hors, de la vengeance » sort le sang, et le sang porte malheur aux insti- » tutions humaines. Les tables de la loi que Moïse » descendit du Mont-Sinaï au milieu de la foudre » et des éclairs ont été brisées ! Vois-tu, ajoutait-il, » en me donnant des conseils, l'avenir s'approche » pas à pas, les grandes découvertes se tiennent » et s'enchaînent, tout marche suivant les con- » ditions d'espace et de temps. Le temps est le » grand maître de toutes choses, il faut l'admettre » comme un indispensable élément ! Les idées » s'élèvent, elles progressent ; tout se meut sous » le souffle de Dieu ! Dans sa main tutélaire, les » nations grandissent comme grandit l'épi dans le

» sillon, le lys à la vallée! Pour nous, contentons-
» nous de semer la morale, restons honnêtes et
» purs, nourrissons-nous de science; étudions,
» étudions sans cesse, disons que les hommes
» sont frères, que toute supériorité doit dater
» d'une vertu ou d'un savoir, et soyons certains
» que chaque jour sera selon sa divine volonté. »

Voilà, mes FF.·., qu'elle était la morale politique de notre Orateur. Comment aurais-je pu ne
pas vous en parler? Dans un temps comme le
nôtre, il n'est permis à personne d'oublier sa
patrie, de ne pas songer au sort de ses semblables;
et en n'abordant pas cette portion de la carrière
de Gustave, j'avais craint de le faire paraître à vos
yeux comme un égoïste. Égoïste! Il ne l'était pas;
et s'il fallait ajouter une preuve à tant d'autres,
je la trouverais dans l'état que votre honorable
Orateur avait embrassé.

Lorsqu'il vint à Paris, Pipon résolut d'étudier
cette science du droit et de la parole, science
utile et noble entre toutes, lorsqu'elle est con-
sacrée à la vérité. Il se mit donc alors, le studieux
enfant des îles, à pâlir sur les livres; il les apprit
avec cette ferveur, avec cette foi qui vivifient la
plus aride parole; il en saisit l'esprit, la pensée.
Et quelle ne fut pas sa joie, lorsqu'après bien des
veilles, il trouva que la loi bien entendue, la religion, la morale, toutes ces choses que le monde
a baptisées de noms différens, n'étaient qu'un
seul principe! Une fois maître de la source,

maître de l'idée fondamentale, il dit : si je ne parviens pas à être un avocat éloquent, je serai un bon avocat ; il fut l'un et l'autre.

Si j'avais l'honneur, mes FF.·., d'appartenir au barreau, si j'avais l'habitude de quelques-uns de vos membres, si, comme eux, je savais toutes les difficultés de cet art difficile, si, comme eux, je m'étais trouvé en présence des saintes images de la justice ; si, ainsi qu'eux, j'étais descendu dans les prisons pour interroger l'innocence et les remords, je serais plus apte que je ne suis à vous peindre les nobles intérêts que défendit Pipon. Mais je n'ai jamais pu que saluer le temple sans avoir le droit d'y entrer.

Cependant une triste expérience de la vie m'a facilement révélé ce que le malheureux poursuivi par la vindicite des lois pouvait souffrir dans un cachot, et quel ange consolateur devait être un homme comme Gustave, venant essuyer les larmes avec des paroles de paix et de miséricorde. Voyez cet homme seul, isolé devant son crime, s'agiter, pâle de terreur, sur une paille d'insomnie. Ses verroux crient ; il tremble.... Est-ce un juge ? Est-ce un bourreau qui va entrer ? Non, mais un homme bienveillant, doux, presque timide, qui interroge tendrement, et qui fait asseoir à côté de lui la divine espérance. Il faut avoir été captif pour comprendre de quelle consolation soudaine s'illuminent les noires murailles ! Ah ! mes FF.·., qui parlez devant les juges, que j'envie votre bonheur ! et que je vous bénis d'honorer ainsi, même l'humanité coupable !.... Car je le sais, voilà ce que vous faites, voilà ce que vous ferez toujours par respect pour votre mission , par souvenir de Gustave.

Ne vous avais-je pas dit, mes FF.·., que cet éloge serait plein d'enseignement ; et peut-il en être de plus nobles que ceux qui apprennent à soulager l'infortune. Mais quelque lentes que soient mes paroles, je voudrais les ralentir encore ; car le malheur approche.

En effet, Pipon prêtait encore aux malheureux, l'appui d'une voix généreuse, quand déjà la mort l'avait touché. A cette époque, mes FF.·., je commençai à le connaître. Mais quelque soient mes regrets, n'attendez pas de moi de vaines larmes. J'oublierai que je fus son ami pour rester homme, pour pouvoir vous faire entendre les paroles que vous m'avez demandées ! Et, en effet, pourquoi pleurerais-je ? Nous a-t-il quittés ? Non, mes FF.·., il est dans cette enceinte, c'est lui qui me soutient, c'est lui qui vous rend attentifs ! Son corps n'est plus à nos côtés, consolons-nous. La fraternité, l'amour du bien, le culte de la vertu ne règnent-ils pas ici ? L'amitié, les nobles inspirations , les saintes croyances ne vivent-elles pas dans ce saint Temple ? Vous le voyez bien, mes FF.·., l'esprit de Gustave ne nous a pas quittés. Si Pipon avait traîné une inutile vie , s'il n'avait rien laissé après lui. C'est alors que nous, ses amis , nous devrions regretter sa mort et pleurer une existence passée dans le néant pour retourner devant celui qui , là haut , demande compte à chaque homme des jours qu'il a perdus sur cette terre.....

Je dirai plus , mes FF.·. , quelle leçon pour nous dans la mort de l'Orateur de cette Loge ! Quant à moi , frappé par des malheurs terribles dans les plus chères affections de la famille , pour moi , pauvre orphelin , qui ai eu la douleur d'ensevelir un père honnête homme , et une excellente mère ; pour moi , dis-je , j'ai appris de Pipon à bien mourir ! Atteint d'un mal terrible , brisé par d'atroces douleurs , livré aux remèdes les plus énergiques , il a conservé , au milieu de tous ses maux , l'inaltérable douceur de sa bonne âme ; son excellent sourire , son regard obscurci par les souffrances ont gardé leur bienveillante bonté. Tous ceux qui l'ont approché pendant cette agonie de trois mois , ont toujours trouvé au fond de ses paroles même de délire , cette chaleur de pensée , cette vivacité de souvenirs , cette cordialité qui , après avoir honoré l'homme , faisaient verser de chères larmes sur le mourant.

Dans ce lit affreux , que mon imagination me représente encore pendant la nuit , à la clarté d'une faible lampe , je le vois gisant sans murmure , remerciant , de l'œil , ceux qui lui prodiguait à l'envie les soins d'une impuissante amitié. Autour de lui , les gens appelés à le servir se plaiguaient de ce que le cher malade n'osait , de crainte de les déranger , solliciter les remèdes qui pouvaient soulager ses angoisses ! Ne croyez pas que ce soit l'amitié qui vous parle , c'est la vérité ! Je rougirais de chercher à farder une si belle fin.... Mais hâtons-nous ; je ne veux pas vous appesantir sur de trop douloureuses images ! Voilà le dernier jour ! Je l'ai vu tout entier, j'ai souffert toute sa mort... Eh ! bien , mes Frères, quand je descends au fond de mon cœur, quand je m'interroge moi-même , quand je sonde ma douleur, lorsque je me rappelle ce râle affreux , ces os se brisant sous les douleurs , ces bras s'agitant avec effort, ces mains serrées comme pour la prière , je n'ai qu'un mot sur les lèvres, qu'une pensée au cœur, l'immortalité ! Oui , mes FF∴ , oui, Pipon est immortel, oui, la vie ne finit pas à la tombe, oui, Gustave ne s'est que transformé ; il n'est pas mort ! Sa figure s'est calmée à l'heure suprême , son corps s'est assoupli , un pâle sourire a flotté sur ses lèvres, et puis il s'en est allé dans le séjour de paix et de justice, où , si nous sommes sages et justes, nous devons le retrouver... Et vous voudriez que je verse des larmes? Oh! quoique jeune, je sais trop ce que c'est que l'existence ! Vous dites qu'il est mort : non, il a échappé à la vie , il s'en est allé avec toute sa foi , il s'en est allé avec les divines espérances d'une carrière non fanée ; il s'est dérobé aux trahisons , aux perfidies d'un monde pervers....

Ah ! pourtant , mes FF.·. , à présent que j'ai accompli mon devoir , permettez à l'amitié de gémir. Si vous saviez qu'il était bon , si vous saviez ce que la nature avait prodigué de dons à ce corps fragile. Gustave ! Gustave ! c'est toi qui m'as fait entrer dans ce Temple. Ah ! que j'étais loin de penser que ma voix dut te rendre un funèbre hommage ! Pauvre chère âme , pourquoi nous avoir quittés ? Pourquoi nous avoir fait verser tant de larmes ? Pourquoi cette première douleur venant de toi ? O mon ami ! écoute une dernière parole : si jamais de ma bouche ou de celles de mes Frères a pu sortir un mot capable de te blesser, oh ! pardonne-nous , pardonne-nous dans ton immortalité !...

Le F.·. Genevay ayant cessé de parler, le Vén.·. fait tirer la quatrième batterie de deuil. Ce devoir rempli, le Vén.·. invite les Surv.·. ainsi que tous les FF.·. qui décorent l'est et les colonnes , à se réunir à lui pour semer les fleurs de l'immortalité , de la reconnaissance et de l'amitié sur les cendres de nos Frères. Le cortége se met en marche, précédé des Maîtres de Cérémonies ; il fait trois fois le tour du catafalque en y semant des fleurs, et le Vén.·. F.·. Moitié prononce en ces termes le dernier adieu :

Ombres chéries de nos RR.·. FF.·. comte Muraire, Garnerey, D'Arifat, Tomsan, Pipon ,

La R∴ L∴ des Trinitaires, d'Illustres Membres du Sup∴ Cons∴ et de la grande L∴ centrale, d'Il∴ FF∴ Visiteurs,

Réunis autour de ce monument, que vous a élevé la douleur, viennent y déposer l'offrande de leurs sentimens, et vous offrir, par ma trop faible voix, le tribut de leurs regrets.

T∴ Il∴ F∴ Muraire, vous fûtes l'une de ces rares intelligenees que le Ciel se plaît à former pour consoler et honorer l'humanité ; honneur à vous qui fûtes le premier anneau de notre chaîne fraternelle. Maintenant vous êtes joint à la chaîne immense des âmes vertueuses, vous jouissez maintenant de la gloire dans le sein d'un Dieu rénumérateur ; nous espérons un jour vous être réunis, car nous pratiquerons vos leçons et imiterons vos vertus.

Garnerey, votre carrière fut bien remplie, comme homme, comme citoyen, comme artiste, comme père de famille ; vous nous avez laissé de nombreux et nobles exemples à suivre, grâces vous soient rendues.

Jeune D'Arifat, la mort vous a moissonné dans votre printemps. A peine entré dans ce Temple, vous nous fûtes enlevé. Votre souvenir et celui de vos vertus resteront gravés dans nos cœurs.

Tomsan, la patrie perd en vous l'un de ses nobles défenseurs, la Maçonnerie l'un de ses fervens adeptes : nos regrets égalent l'étendue de notre perte.

Et toi, bien-aimé Pipon, toi qui n'eus jamais au cœur une mauvaise pensée, dont la vie fut une continuité d'actes de dévouement et de bonnes actions, toi, qui nous aimais et que nous aimions plus que nous-mêmes, car nous savions t'apprécier, F.·. chéri, du temple, où un Dieu de justice t'a placé, daigne abaisser tes regards sur cet asile des vertus maçonniques, sur ce monument que les mains de la reconnaissance ont élevé à l'amitié fraternelle, sur les simboles qui le décorent, et sur les FF.·. qui l'entourent.

Entends les expressions, non plus des regrets et de la douleur, mais de la gratitude et de l'espérance. Un jour nous te serons unis dans l'orient céleste, dont celui-ci n'est qu'une image faible et imparfaite.

Souris, ombre chérie, souris à la présence des admirateurs de tes leçons et de tes vertus, qui tous se sont empressés de venir joindre le tribut de leur hommage à celui que te rendent tes Frères.

Souris à ce concours d'Il.·. Visiteurs, qui sont accourus pour partager nos regrets et les élans de notre reconnaissance ; souris à la paix et à l'amitié qui unissent de leurs liens indissolubles les

Membres de cette R.·. Loge, que tu aimais tant, et qui n'ont qu'une seule volonté, celle de t'imiter dans ta vie civile et ta vie maçonnique.

Sur cette urne où tes cendres reposent, nous renouvelons le serment, si cher à nos cœurs, d'illustrer notre carrière maç.·. par la pratique des vertus qui, de toute ta vie, n'ont formé qu'un beau jour, et dont tu nous a transmis les leçons et les exemples comme la portion la plus précieuse de ton héritage.

Et vous, ombres vénérées de nos RR.·. FF.·. Muraire, Garnerey, D'Arifat, Tomsan, réunissez-vous à l'ombre de notre ami, de notre F.·. Pipon, achevez dans le ciel ce que vous aviez commencé sur la terre, soyez en haut les protecteurs des Maçons, comme ici-bas vous fûtes leurs modèles.

Vous n'êtes plus, parce qu'ici-bas tout est périssable ; mais heureux encore ceux qui, en quittant cette vallée de douleur, y laissent, comme vous, des exemples utiles, des souvenirs touchans, des regrets sincères, et qui ont mérité que leurs tombes fussent arrosées des pleurs de leurs familles, de leurs frères, des gens de bien et des malheureux.

*Adieu ! Adieu ! Adieu !!!*

De retour à l'est, et les FF.·. ayant repris leurs places, le Vén.·., debout et à l'ordre, fait tirer la cinquième et dernière batterie de deuil, terminée par ces mots, que répètent tous les assistans, et qui expriment leur douleur.

*Gémissons ! gémissons ! gémissons !!!*

Le Vén.·. annonce que la cérémonie qui vient de s'accomplir ne permettant aucune démonstration capable d'en altérer la religieuse impression, il regrette de ne pouvoir payer aux hh.·. Orateurs qui ont si dignement rempli leurs devoirs, le tribut de reconnaissance qu'ils se sont acquis dans ce jour consacré aux regrets ; il les invite à faire le dépôt aux archives, des morceaux d'arch.·. qu'ils ont prononcés, pour qu'ils soient insérés au procès-verbal des trav.·. de ce jour. Sur la réclamation de plusieurs Memb.·., l'Assemblée décide que le procès-verbal sera imprimé.

Sur l'ordre du Vén.·., les Experts font circuler le tronc de bienfaisance et le sac des propositions. Tous deux revenus à l'autel,

Le premier contient une pierre plate du poids de........

Le second contient une proposition du T.·. Ill.·. F.·. Général Jubé, appelant le concours des LL.·. du rite, pour la mise en apprentissage du jeune Barof ; cette proposition est vivement appuyée et prise en grande considération.

Minuit plein, les trav.·. de la R.·. Loge des Trinitaires sont fermés, ainsi qu'ils avaient été ouverts, sans batterie, sans acclamation, comme

hommage respectueux aux ll.·. FF.·. qui en ont
été l'objet.

Après le serment du silence prêté, tous les FF.·.
se retirent en paix et en ordre.

MOITIÉ, de Coulommiers,

*Vén.·. titulaire,* 32ᵉ,

Ch.·. K.·. P.·. de R.·. S.·.

Par mandement,

*Le Secrét.·.*

PLANCHE, 3ᵉ.

# TABLEAU



DES

## OFFICIERS ET MEMBRES

COMPOSANT

## LA R∴ L∴ ÉCOS∴ DES TRINITAIRES.

### *Membres honoraires.*

JUBÉ, Général en retraite, 33ᵉ, Chef du Secrétariat du rite Écossais ancien accepté, 50, rue de Grenelle-Saint-Germain.

L. CAILLE, 33ᵉ, Avocat, 7, rue de l'Université.

BATSER, 18ᵉ, Avocat, 29, rue Saint-Victor, (Orateur d'honneur. )

PERIN, 30ᵉ, Docteur-Médecin, 149, rue St-Dominique-Saint-Germain.

### *Membres actifs.*

MOITIÉ, de Coulommiers, 32ᵉ, Vénérable, Architecte, 64, rue de la Harpe.

DUTILLEUL, (île Maurice), 30ᵉ, premier Surveillant, Avoué, 47, rue de Seine-Saint-Germain.

MORICEAU, 18ᵉ, deuxième Surveillant, Avocat, 47, rue de Seine-Saint-Germain.

Jules BARBIER, 18ᵉ, Orat∴ tit∴, Avocat, 12, rue de l'Échiquier.

GENEVAY, 18ᵉ, Orat∴ adjoint, Homme de Lettres, 5, rue des Trois-Frères.

PLANCHE, 3e, Secrétaire, Homme de Lettres, 3, quai Malaquais.

Alp. BARBIER, 18e, Trésorier, Officier ministériel, 12, rue de l'Échiquier.

B. BINET, 18e, premier Expert, Marchand Boucher, 70, rue du Faubourg-du-Temple.

CHANGIONS, 18e, deuxième Expert, Entrepreneur de Menuiserie, 17, rue Neuve-Sainte-Catherine.

CHAVANTRÉ, 3e, troisième Expert, Maître Corroyeur, 49, rue des Fossés-Saint-Marcel.

DÉGLAUDE, 18e, Garde-des-Sceaux, Entrepreneur de Maçonnerie, 16, rue des Blancs-Manteaux.

MORAND, 18e, Aumônier-Hospitalier, Entrepreneur de Peinture, 6, rue Baillet.

DIVERNERESSE, 18e, Grand-Maître des Cérémonies, 46, rue des Noyers.

AUCOUTURIER, 18e, Maître des Banquets, Architecte, Entrepreneur de Maçonnerie, 8, rue des Lavandières, place Maubert.

ISARD, 18e, Porte-Étendard, Entrepreneur de Menuiserie, 91, rue Saint-Germain-l'Auxerrois.

PREYAT, 18e, Employé aux Gobelins.

FLOURY, 18e, Capitaine en retraite, 5, rue de l'Abbaye.

AVININ, 18e, Me Fumiste, 12, rue des Prêtres-St-Severin.

Paul-Charles BARBIER, Maître Clerc de Notaire.

CHARTIER, 3e, Propriétaire, à la Glacière.

JOULOT, 3e, Vérificateur en bâtimens, 14, rue Saint-Hyacinthe.

GENARD, 18e, Médecin, 26, rue du Cloître-St-Benoît.

CHIQUET, 3e, Propriétaire, à Gentilly.

THOLOMIER, 3e, Entrepreneur de Serrurerie, 90, rue de l'Université.

GRUOT, 18e, Sculpteur, Marchand Marbrier, 57, boulevard Beaumarchais.

DAUBRÉE, 1er, Propriétaire, 47, rue de Seine.

CASTELLAN Charles, 18e, Avocat, (île Maurice.)

COUDER, 18e, Chirurgien, (île Maurice.)

BERGER, 3e, Médecin, (île Maurice.)

MICHEL, 18e, Officier d'Artillerie, (île Maurice.)

DE ROTROU, 3e, Négociant, (Dreux.)

ARNAULT, 18e, Négociant.

ROCHE, 1er, Officier de Marine.

CHASLES Philarète, 1er, Homme de Lettres, 12, rue de l'Abbaye.

MOITIÉ F.-G., 3e, Entrepreneur de Menuiserie, 27, passage Saint-Maur.

THOMAS, 3e, Conducteur de Travaux hydrauliques, 40, rue Richer.

DIORÉ, 18e, Étudiant, (île Maurice.)

PELLION, 3e, Marchand Corroyeur, 13, rue Pierre-Lombard.

SAUZIER, 18e, Étudiant en pharmacie, (île Maurice.)

FOURNERIE, 2e, Entrepreneur de Couverture, 23, rue de Crussol.

RICHARD, 3e, Médecin, (Angleterre.)

CAUDERAN, 18e, Entrepreneur de Charpente, 59, rue du Faubourg-Saint-Jacques.

COFFINET, 18e, Entrepreneur de Peinture, 6, rue de Vendôme.

ROBERT, 1er, Propriétaire, (commune de Gentilly.)

BERRY, 2e, Étudiant en Médecine, 59, rue de Seine.

PIQUET, 3e, Entrepr de Plomberie, 150, rue St-Martin.

BLOQUET, 18e, Entrepreneur de Serrurerie, 2, rue de la Chaussée-des-Minimes.

BOUTON, 2e, Étudiant en architecture, (île Maurice.)

MACARIO, 1er, Médecin, Interne à l'Hôpital de la Charité.

BERTOGLIO, 3e, Négociant, à Turin.

ALMALRIC , 3e , Négociant , à Madras.
DARABERT , 1er , Licencié en Droit , 38 , rue Mazarine.
CASTELLAN Amédé , 1er , Étudiant en droit , (île Maurice.)
MICHEL Charles-Louis , 1er , Étudiant en Médecine , ( île
   Maurice.)

## *Lowtons.*

VENDERHEIM Chéri.
DAVIDSON David-Édouard.
CHAVANTRÉ Eugène-Adrien.

## *Membre libre.*

SAUVAGE , 31e , Négociant en Vins , 8 , quai Lepelletier.

## *Membres du Chap∴ et non résidens.*

POURFOUR , ( à Haïti. )
Capitaine ROSS , célèbre Navigateur anglais.
BURNES , Médecin , ( à Londres. )
Baron DE DELLEY , d'Avaize.
BOYD KEER , Officier de la Marine anglaise.

Certifié véritable :

MOITIÉ , de Coulommiers , 32e ,

*Vénérable.*

Par mandement de la R∴ L∴ ,

PLANCHE , 3e ,

*Secrétaire.*

PARIS. IMPRIMERIE DU F∴ LEBÈGUE , RUE DES NOYERS , 8.

# COLONNE FUNÈBRE.

VILLAUME, 33ᵉ,

Fondateur, ex-Vén∴

Cᵗᵉ MURAIRE, 33ᵉ,

G∴ Command∴ honoraire,
Vén∴ d'hon∴

GARNEREY, 18ᵉ,

Peintre d'Histoire, Memb∴ d'hon∴

D'ARIFAT, 1ᵉʳ,

Membre actif, (île Maurice.)

TOMSAN, 3ᵉ,

Membre actif.

G. PIPON, 18ᵉ,

Avocat, Orat∴ tit∴ et Député, (île Maurice.)

www.ingramcontent.com/pod-product-compliance
Lightning Source LLC
LaVergne TN
LVHW021157200726
843510LV00001B/419